Worldwide a[barcode] W9-BBX-077

WILL SHORTZ PRESENTS

Wild About Sudoku

150 Fast, Fun Puzzles

Edited by
WILL SHORTZ

Puzzles By
PZZL.com

St. Martin's Paperbacks

WILL SHORTZ PRESENTS WILD ABOUT SUDOKU

Copyright © 2008 by Will Shortz.

The puzzles in this volume have previously appeared in *Will Shortz Presents Sudoku for Stress Relief, Will Shortz Presents Sudoku for 365 Days, Will Shortz Presents Let's Play Sudoku: Take It Easy,* and *Will Shortz Presents Simple Sudoku Vol. 1.*

ISBN: 0-312-94693-7
EAN: 978-0-312-94693-7

Printed in the United States of America

St. Martin's Paperbacks edition / April 2008

St. Martin's Paperbacks are published by St. Martin's Press, 175 Fifth Avenue, New York, NY 10010.

10 9 8 7 6 5 4 3 2 1

Introduction

Throughout the history of puzzles and games, many of the biggest successes have come as complete surprises, because they've broken all the "rules."

Parker Bros. famously turned down the rights to the game Monopoly in 1934, because it had "52 design errors." It was too complicated, they said, it had too many pieces, and it took too long to play. So the inventor, Charles B. Darrow, produced and sold 5,000 handmade copies of Monopoly, they quickly sold out, and—once Parker Bros. finally bought the rights—it became the biggest game hit of 1935.

Similarly, the "experts" initially pooh-poohed Scrabble, Trivial Pursuit, crossword puzzles, and many other game and puzzle successes over the years.

Hardly anyone thought sudoku would be popular when it was introduced in Britain in late 2004 and the U.S. in 2005. The public was not interested in number puzzles, according to conventional wisdom. Yet we all know what happened. In less than a year, sudoku has become one of the most popular puzzles in history. Virtually every newspaper has made room for a daily sudoku, sudoku books have been bestsellers for six straight months, and sudoku tournaments have been held across the country and around the world. Language Report named "sudoku" the Word of the Year for 2005.

The craze goes on, and, to everyone's surprise, shows little sign of abating.

What's So Great About Sudoku?

The appeal of sudoku comes partly from the simplicity of the rules, which can be stated in a single sentence, and the compactness of the grid, just 9 × 9 squares—combined with some unexpectedly subtle logic. Even longtime enthusiasts may not understand all the techniques needed to work it. Sudoku packs a lot of punch for so small a feature.

Sudoku is a flexible puzzle. It can be easy, medium, or hard, which you can select according to your skills and mood. And the amount of time needed to solve one—generally between 10 and 30 minutes, for most people for most puzzles—is about perfect in order to feed a daily addiction. If sudoku took less time, it wouldn't pose enough challenge, and if it took more, you might lose interest or simply not be able to fit sudoku into your schedule.

Like crosswords, sudoku puzzles have blank squares that are inviting to fill in. It's said nature abhors a vacuum. We as human beings seem to have a natural compulsion to fill up empty spaces. A sudoku addict has difficulty turning a page that has empty puzzle squares begging to be completed.

Sudoku also provides an appealing rhythm of solving. Generally the first few numbers are easy to enter. Then, in the harder examples at least, you can get stymied and maybe a bit frustrated. Once you make the critical breakthrough (or breakthroughs), though, the final numbers can come quickly, giving you a rush and a heady sense of achievement—often tempting you to start another sudoku immediately. Hence the addictiveness of sudoku, which is the "crack cocaine" of puzzles.

New Challenges

On the following pages are 150 absolutely top quality sudoku puzzles rated easy (#1–#40), moderate (#41–#75), demanding (#76–#125) and very Challenging (#126–#150). Every one has been checked, rechecked, and then re-rechecked to ensure that it has a unique solution, and that it can be solved using step-by-step logic. You never have to guess here.

As usual, all the puzzles in this book were created by my colleague Peter Ritmeester and the staff of PZZL.com.

Try them. And as one correspondent wrote me recently, you, too, will go "sudoku kuku."

—Will Shortz

How to Solve Sudoku

A sudoku puzzle consists of a 9 × 9–square grid subdivided into nine 3 × 3 boxes. Some of the squares contain numbers. The object is to fill in the remaining squares so that every row, every column, and every 3 × 3 box contains each of the numbers from 1 to 9 exactly once.

Solving a sudoku puzzle involves pure logic. No guesswork is needed—or even desirable. Getting started involves mastering just a few simple techniques.

Take the example on this page (in which we've labeled the nine 3 × 3 boxes A to I as shown). Note that the boxes H and I already have 8's filled in, but box G does not. Can you determine where the 8 goes here?

5	8	6					1	2
			5	2	8	6		
2	4		8	1				3
			5		3		9	
				8	1	2	4	
4		5	6			7	3	8
	5		2	3			8	1
7					8			
3	6				5			

A	B	C
D	E	F
G	H	I

The 8 can't appear in the top row of squares in box G, because an 8 already appears in the top row of I—and no number can be repeated in a row. Similarly, it can't appear in the middle row of G, because an 8 already appears in the middle row of H. So, by process of elimination, an 8 must appear in the bottom row of G. Since only one square in this row is empty—next to the 3 and 6—you have your first answer. Fill in an 8 to the right of the 6.

Next, look in the three left-hand boxes of the grid, A, D, and G. An 8 appears in both A and G (the latter being the one you just entered). In box A, the 8 appears in the middle column, while in G the 8 appears on the right. By elimination, in box D, an 8 must go in the leftmost column. But which square? The column here has two squares open.

The answer is forced by box E. Here an 8 appears in the middle row. This means an 8 cannot appear in the middle row of D. Therefore, it must appear in the top row of the leftmost column of D. You have your second answer.

In solving a sudoku, build on the answers you've filled in as far as possible—left, right, up, and down—before moving on.

For a different kind of logic, consider the sixth row of numbers—4, ?, 5, 6, ?, ?, 7, 3, 8. The missing numbers must be 1, 2, and 9, in some order. The sixth square can't be a 1, because box E already has a 1. And it can't be a 2, because a 2 already appears in the sixth column in box B. So the sixth square in the sixth row has to be a 9. Fill this in.

Now you're left with just 1 and 2 for the empty squares of this row. The fifth square can't be a 1, because box E already has a 1. So the fifth square must be a 2. The second square, by elimination, has a 1. Voilà! Your first complete row is filled in.

Box E now has only two empty squares, so this is a good spot to consider next. Only the 4 and 7 remain to be filled in. The leftmost square of the middle row can't be a 4, because a 4 already appears in this row in box F. So it must be 7. The remaining square must be 4. Your first complete box is done.

One more tip, and then you're on your own.

Consider 3's in the boxes A, B, and C. Only one 3 is filled in—in the third row, in box C. In box A you don't have enough information to fill in a 3 yet. However, you know the 3 can't appear in A's bottom row, because 3 appears in the bottom row of C. And it can't appear in the top row, because that row is already done. Therefore, it must appear in the middle row. Which square you don't know yet. But now, by elimination, you do know that in box B a 3 must appear in the top row. Specifically, it must appear in the fourth column, because 3's already appear in the fifth and sixth columns of E and H. Fill this in.

Following logic, using these and other techniques left for you to discover, you can work your way around the grid, filling in the rest of the missing numbers. The complete solution is shown below.

5	8	6	3	7	4	9	1	2
1	3	7	9	5	2	8	6	4
2	4	9	8	1	6	5	7	3
8	7	2	5	4	3	1	9	6
6	9	3	7	8	1	2	4	5
4	1	5	6	2	9	7	3	8
9	5	4	2	3	7	6	8	1
7	2	1	4	6	8	3	5	9
3	6	8	1	9	5	4	2	7

Remember, don't guess. Be careful not to repeat a number where you shouldn't, because a wrong answer may force you to start over. And don't give up. Soon you'll be a sudoku master!

5	7	2	8	1	4	9	6	3
3	9	1	5	6	7	4	2	8
8	4	6	2	3	9	5	1	7
4	5	7	9	8	2	6	3	1
1	6	8	7	5	3	2	9	4
2	3	9	1	4	6	8	7	5
7	8	5	6	9	1	3	4	2
9	2	4	3	7	8	1	5	6
6	1	3	4	2	5	7	8	9

Light and Easy

8	2							1
4	9	7		8				2
1	6					8	7	
2	7	6	5	4	9	3	1	8
5	4	8	3	1	6			
3	1	9	8	8	2		4	
6	8		9	5	7			
9	5						8	
7	3		4	6	8			

						5		9
		9	7			1	4	6
		6	9					8
9				7	3	8	1	
		8	5	9			6	
	4			2			9	
	8	4			9			
		2			7	9		1
	9	7	2	6		3	8	4

Light and Easy

1						7		
5		2	4		7		6	
8			2		1			
	1	8	5		2		7	
2						4	1	
4	3		8			5		
		1						
9		4		3	6			
	8		1					

	7	5				4	6	9
4	1					3		
2		6		4		8	5	
6			1			9	3	
3				6		2		
5				7				
	8	2						
			2	3	1			6
			5	8				

Light and Easy

1	7	4			9			6
	2					5		
	9		8	4		3		
9								
			7					8
		7		8		1		
8			1	2	6			3
7	5			9		4		
	1				7		8	

				8		3		
	3		4		5		2	
6	9	1					5	4
4					8			
8	1					6	3	
			5	7		4		
			7	4		1		
		7	6					
				1	3		6	5

Light and Easy

			3		4	6	5	2
9				6				7
			2				1	3
	7	5			3	1		8
	2			8			3	
		5		7				
	6					5		
				6			2	
	1			7		8		9

	5		4				8	
8					6			
	1		7	8				6
			8		5	9	6	2
6								
5		8			3	7		
1						6		9
2		4		3		8		
		3		1	7			

Light and Easy

		9			4			
	6	1			7	4	8	
	3		2				7	
	4			1	5	7		3
	5						4	6
		6	5			8		
7					2		3	9
		3	9	8		6		

	1							
4	8			1				9
9				7	5			8
		1	3				8	
5			9					7
8				2	4		3	
6								
	5	9			1			
	3			8				

		1	9					5
5			6	2				
								8
2		4	3	7	1		6	
7	9		4					
					6			
			2		9		1	
6				8		7		
	1	8					5	3

					4	2		7
5			3	1	8			
								3
2	9				3			
1				2		4		6
8			1	6			2	
						7	1	5
4	3		7			6		
			8					

		5		4		3		
2					6	7		
1		6			2			9
7								
9			3		5			
3			4					8
	1		9			4	8	
		7	5		1		9	
							5	

					9		8	1
9		5	6			3		
8		3					4	
			1		4			
1		9	5					
		6			7			9
				6	8		1	
	7					8		
			7				2	

Light and Easy

3								
				6				9
	5			8	3	6		
				9				2
2		1			8		7	
		8	3					
		2	8	7	5		6	
4				3				
9					2	1		

		3			4			
		4			7		3	9
	7				9		5	6
5			6					
1	4			9			7	8
					8		9	
	1	6					4	
8						2	1	
		5						

Light and Easy

4	7	1	6	3	8	5	2	9
8	3	2	9	4	5	7	1	6
6	5	9	2	1	7	3	4	8
2	1	4	5	8	3	9	6	7
9	8	7	4	6	2	1	5	3
5	6	3	7	9	1	2	8	4
1	4	6	3	5	9	8	7	2
7	9	8	1	2	6	4	3	5
3	2	5	8	7	4	6	9	1

5	7	2	4	6	9	8	3	1
8	9	3	5	1	7	6	4	2
4	6	1	8	2	3	5	7	9
7	8	9	2	5	4	3	1	6
2	4	6	3	9	1	7	5	8
3	1	5	7	8	6	2	9	4
6	3	7	1	4	8	9	2	5
1	2	8	9	3	5	4	6	7
9	5	4	6	7	2	1	8	3

Light and Easy

			5			2		
							4	7
1					7	6		
2				1	5		9	
						5	1	4
8					9		3	
	9			2		4		
				9	6			
3			4				2	9

					1	4		9
	2				8			
4	9	6			7			
					2			
	4	8	6		3	7	5	
5		7						6
	8							2
				7		1		3
		9	2					4

Light and Easy

	2		3					
			1			9	5	
		9		7		3		
			5		7	8		
	3					2		1
					2			
6			9					
	5			2	8	4	6	
		8	4		3			9

	1			8	9		2	
4								
2		6		7				1
6	9						3	
1		3			6			
		5			8			
9				1				
			4					7
	5	1	3			4		

								4
3			7	8	4			
	1	5			9	2		
		1			2			
8				9	1	6		
	6							
					8	7		9
9					7	8	6	
	4			3		1		5

				7	4			
		6		1		4		
5			2			7	8	
	2			4				
6					2	9	3	
4	8		9				1	
	9		5					2
			7		8			
	1					3	6	

Light and Easy

8	3	1	7	4	9	5		
4	2	5	6	1	3		7	
6	7	9	2	5	8	4	3	1
1				8	2	3		
	8				7	1	4	
			9		1		8	
							1	
	1	8				6	5	
		6	1					4

3	2	8	6	1	9	7	5	4
4	9	5	7	2	3	8	1	6
1	6	7	8	4	5	9	3	2
2	7	9	5	6	4	3	8	1
8	1	6	9	3	7	2	4	5
5	3	4	2	8	1	6	9	7
7	4	3	1	9	2	5	6	8
9	8	2	4	5	6	1	7	3
6	5	1	3	7	8	4	2	9

	6						7	
8						1		4
							5	
	5	7		2	1	8		
1				5				
9		4			3			
	2	6			9			
			5		2		8	3
				3			4	

						7		5
		8	2		7			3
	9						6	1
			9	1				
4			2	6	9	1		
		6		5				
1	7							
5				3	2			
2		8						

	1		8	5				
6					2			
9		5				1	7	
	2		1					
3	6		7		4			
	4	7			6	9		
7						4		
				4	8			
8	3		2					9

								5
	1	4					9	
		5		8			7	
			9			3		7
		3			8	4		
		2	6					8
6			7		5			9
		1			4			
	7			6			1	

Light and Easy

			2				5	
	1				8	6		
			3	5		7	2	1
3								7
9			4				3	
		4				1		
		8						
			7	8	6			
2	5			3			6	

9	5		3		1		4	
				8		1		
			4		5	2		8
6	3					7		
	7				3			5
2						8		1
5				7				
		1				9		2
	4						1	

36   Light and Easy

	3		2					
4		7						8
	9	6		7				
		4		2				
7		8			9	4		
2				6			3	
			1				2	
9			8	3			5	
	4		9			8		

2	9	8	1	5	4	6	7	3
6	1	7	9	2	3	5	4	8
4	5	3	6	7	8	2	9	1
9	7	6	5	8	1	4	3	2
8	3	1	2	4	7	9	6	5
5	2	4	3	9	6	8	1	7
1	4	9	8	3	2	7	5	6
3	8	5	7	6	9	1	2	4
7	6	2	4	1	5	3	8	9

6	9	8	7	4	2	1	3	5
3	2	5	8	6	1	7	4	9
1	7	4	9	3	5	8	2	6
8	6	3	1	9	4	5	7	2
9	5	2	6	7	8	4	1	3
7	4	1	2	5	3	6	9	8
4	3	7	5	8	9	2	6	1
5	1	6	3	2	7	9	8	4
2	8	9	4	1	6	3	5	7

8	5	6	3	7	2	4	1	9
1	7	4	8	6	9	2	3	5
2	9	3	5	4	1	8	7	6
7	8	9	2	3	5	6	4	1
5	6	1	7	9	4	3	8	2
4	3	2	6	1	8	9	5	7
6	1	8	9	5	3	7	2	4
9	2	5	4	8	7	1	6	3
3	4	7	1	2	6	5	9	8

4		3	8			9		
				5	4			
				9		7		
8				2	5			
			1	8		6		
		5	3				7	1
		4	5					2
					1	5		
6							9	

	9		6			7	1	
8		1		5		9		6
	7					5		
9		7			3			1
						2		9
	4				8	3		5
7		9			2			3
	6			7		1		
	1		3					7

	4		2		8	9		7
5								
	6							8
		1	9		6	8		
9	2					6		
						3		1
	3		5					
		4		3				
	7		6		4		3	

8			7			9	5	
	6			8				7
			9					1
4			5					
	2			6				
	9	3			4			
	3	4						2
1			9				7	
2		7	4					3

				9				2
		4	3					
			7	1			6
1		2	5			3	
	5						
2	6		8		5	9	
	2						
	3				6		
6		8		3	4		7

	6	9			2			1
1				7		8		2
	7			4	8			
	5	7						
			4		9			
				1			5	
5	3	4		8		6		
		6		9		7		8

						7		
5				9			8	
4					8	9	6	3
					9		5	
3	1							
	4			6		2	1	8
7		8	4					
	9			3	2			
		3		8				

		3			6			
7		4		2			9	
	9	6	7					
								4
			8		5	2		
		5	9		2		8	6
			6	5	1	4		7
		1					6	
3					4			

1	6	5				9		
2		9						8
					5			7
	9			5			3	1
				8	4			
		4	6					
	1		9	6				
						6	4	9
				2				

		4	5		2		1	
						9		
	2		9				4	8
6	7			2				
5					7			
			1	5	8			
8	9		6			1	5	
							7	
7			8	1			9	

Moderate

5	7	9		4		6		
	6		9					7
								2
		8		6			5	
7					8		6	
			3		7			
		2	5	8		1		
9		1				3		4

		6		3			8	1
			8	4	7			
					9			
				6				8
8	5	1				6		
6						5		4
		8		5				
7	2		6	8			1	3
			3					

Moderate

6	1					2		
		4					5	
		8			2			6
			7		1		6	
				8				1
9	7		4	5	6			
			6	3	7			8
			2					
8		3		4				

						8	9	
	2						7	
				5			2	
		3		4				
			7	6	3			5
1		9	2					
	9						5	
2				7		3		
7	1	8					4	2

Moderate

4	1				7			
							2	
9		6				4		
	6	9					4	3
			8					
1	3	2						
				5	3			
7			2					5
				8	6			7

	7				8	4		
	8						5	9
9	5	2		3	4		1	
	6							5
2		7			9			
					6	3		
	2			6				3
				4				
		3		9		1		8

		5				7	6	
2				3		5		9
	2					4	3	
6				5	9		7	2
				8				
					4			
	1		7		8			
7	3			1	2		4	

							9	7
	8	4			1	3		
	7			8				
			9	4	7			5
		3	1					8
			2			7	1	
								6
		1				4		
2	9	7			4			

	8							7
6							9	
		1	2	9				
			7					9
9				6				5
5					3		6	2
		2		7				1
3	6							
7			6				3	

		9						
		5			3			
		8		9		2	4	
6			5		1	4		
			3		2	7		
								6
1						3	5	
			6					8
			7					1

	3					9		2
6								
	4	8						1
1				2	8		7	
				5			8	3
			9					
			5		1	4		
						3	9	
5		3			7			

		9				2		
6					7	4		
8	4	3				5		
	8	7		3		6	9	
			4				7	8
				5				
	3							2
9			8	1				
				4			3	

	6		2			4		
		4				5		7
					8			
	8	5	9					1
7				6		3		
2					5	6		
						9		
		8	1				7	
	3	2	4		7			

		8						
5		9				1		6
4					3		2	
					7	8		
7		1		3		9		
			4	2			5	
			9	1				
		3			2		4	
				4				

	6			7			8	
8		3	2					
		7						
5	9			3			7	
			6				3	
	1	8				6		
4			5			7	2	
	2		1				9	
			9		4	5		

					3		9	7
						6		
	1	5		6	9			
	7				1			
6						8		
5								1
	9						4	
			8					
	2	8	5			1	3	

1			7					
	6	5	8					
		3		1	5			9
8						1		
							9	6
6			9				2	
	2	9		6	3			
4		8	1					
5				9		3		

			5				4	
						7		8
	9					1		6
		9		2	3			
3	1	5			7			
2		4			9		8	3
	3							
		7			8	2	9	
			9		4		7	

3	6							9
	9							5
	4	8			9	6		
	7	9		2	3			
		3					9	
8	2	6	9	7	5		1	
6	3	4		9			8	
9	8	2			4			
7			6	3	8	9		

1	8	2	5	7	6	9	3	4
6	9	4	3	2	1	7	8	5
5	7	3	9	4	8	6	2	1
9	5	6	1	3	4	2	7	8
4	3	7	8	5	2	1	6	9
2	1	8	7	6	9	4	5	3
7	4	9	2	8	3	5	1	6
8	6	5	4	1	7	3	9	2
3	2	1	6	9	5	8	4	7

Demanding

	9			1		5		6
	3		7					
7		2		9			1	
		7	9					1
		3	2			6	8	
				8				
1						2		
5								
	7	4				8		

7							5	3
		3	2				4	
	9				6	2		
9				8		7	3	
		7	1	6				8
					7		6	
		4			5			1
	7	9						
			6	9	1		7	

Demanding

3			5			1		
		9				3		8
				6			2	
	2		3		1		9	
4								
		1						3
7				5				
	8				2	4		7
			7		8	9		2

	8							
					3			2
3		2		8		9		1
	5							
			1					
	1	6		7	8			3
			4				5	7
				2		4	1	
	7				5		2	6

5							2	
9	6							5
			7	3				
				2				1
		3			7			
1				8			6	
		8			6			3
	9			5		7		
7						1		8

	5		7					4
			8	6			3	2
		3	1			6	9	7
							2	
				7				1
3		5	6					
2	1		9		4			
	8							

Demanding

					1		6	
	6		8		7			1
3	7		5			9		
4			9				5	
		6				4		8
			2			7	9	
				8				
5	9	2						
						1		

			9			8		
		8					5	3
	5					4		
6				3				
	7	1		2		9	6	
	1			9				
	8				4			
			6		3		7	4

				2	5			1
		7	1					6
	6			4	3			
	5				8			7
				9				2
3	8			1		9		
5								
		1						8
8	2				6			

						1		2
	4	5	6					
					4			
5								9
	6		9	3			5	
	1		7			8		
						2	6	5
		3	8	1				
		7		9				

7					4			5
8	1		6					
		6	9	2				
	8	3						
						9		
6			2				3	
1							7	8
			3		2	4		
9	6				8			

				5		4	2	
		4						3
8								
		1	2					
5	3						6	8
2	9					7		
3			6				1	9
			5		9			
	1			7				

	3		4				9	
7	9							8
	4		5			7		
						5		
				1		4		3
	2					9		
6			3		5			
2			6					
3	1	8		9				

	6		4	2				
		7	6	3				
1		5						
8					2		9	4
		3			8		1	6
							4	
	7	1				5	2	
	9				4			8

								8
4					9	5		
9			7		3			
	2				1			
	7	5						
			6			3	1	7
			4				5	
	8							1
				8			7	2

						8		
	1				8	7		
	4		5			9		1
2	7			4	1		3	
6						4		2
				7				
5		7						
			1		2			
	6				5	2		9

Demanding

9			4	2				
6						7		
		1	5				4	
	8			7				
		7		3				
			1			4		7
			2	1		9	6	
			3					
		3			5	8		

					5			
			3				6	
2	1	9		4				3
8					4			
		1			3		8	
						4	9	6
7	4	3	2			1		
						9		
			8					

5			6		1		3	4
	9		7		4			2
			3				5	8
	7			1	9			
		9	4			3		
	5		9	3				
	4						2	
							1	

4	7			5	9			
8	9							1
	6	1					5	
3		9	4			6		
			9			8		
			2	8		9		
				6			4	3
								5

Demanding

4	3			2		9		
			6		8			1
		6	7		9			
6		3					5	
					6		9	
8			9					
			4		2	1		8
7						6		5
	2							

	2	3		5				
6			4					
	1					7		4
			5		3			
	8				2		9	
		9					2	6
			7	4				
			8			1		3
				2	5			

Demanding

				3		1		
	2	8						6
6	4							
			6			9		
						2		7
			2	8		3	4	
				7	4			
		6			1		8	
7			9					1

		2						4
3			5					7
				8	4	5		1
			1					9
4		3		5				
					9		8	
	2			9				
	7				3			
8		5		1	6			

Demanding

1				8				9
					9		7	
		7	6	3				
		5	1		8			3
	8			7			6	
3						2		
						6		
2		6	3			1	5	

2	7			8		9		6
	1	5	9					
			1					
	6		4	2			9	
4								
		2			6	7		
						8	4	2
9	3				5			

Demanding

				4	5	8		
	2		7					
		6				9	5	
				5	3	4		
	4				6	1		
1								
	1		8	7				
9		8					6	
					4			

5				2		3		1
			3	8		7		
6					4			
4	3	9						
			4		1			
				5			6	
1		4						
		8	7			1		
							9	7

Demanding

				3			1	
8			1	7				
					9	6		
				1	8		9	
		8						
		3	6			4		
	7			9		5		4
	3	2	5					
9						7		

				3				
	2	4			8			1
5						9	4	
6	1	7	9					
			4		6			8
		2						
	8					5		2
		1					8	3
						6		

Demanding

			1					
						8		5
6	3			2			7	
				4				
	8	5	7				4	
	9		8		1			
			3		9			6
		2			5		3	
		9						

					9		2	3
							7	
5				6				
9			4		7	1		5
		5		1		8		
7					6			
	1						4	
		7	3					
4			1					8

Demanding

8			9					3	6
			3					8	
2				5	4			9
5								1
	2							
3					7	8		2
4		8	5					
	1			9				
	3						4	

					5			
	6		7	3				8
4				8	1			
		1	2					
		8			6		5	2
	5					6	9	7
						8	1	6
		9		4				
2								

Demanding

		4	3	5				9
					2	5		
1	6						3	
		7			6			1
	1			2	4	7	6	
				6	1			8
						9		
9							2	5

					7			
	3				5			
	8	5	6			2		
1	6	8	2				5	
9								8
			3			4		
		6	4		8		9	
7	9							1

Demanding

				3		1		
	2	8						6
6	4							
			6			9		
						2		7
			2	8		3	4	
				7	4			
		6			1		8	
7			9					1

	4					6		
				7	5		3	
1	5	3						
4			9		3			
6			1			4	2	
9								
			3		9	1		8
		9			4	5		
					2			

Demanding

6		1			5			
			2					
			8			4	5	
		9	3			5		4
						1	8	
		3		7				2
7			9	3				
4		5		6				
1						2		

					9	6		
5								
		8		3	7			4
				6	3	7	4	
	8		9			5		
				2				
6				7				3
	1							
9	2	7		1	4			

Demanding

7			5		8			2
	2			3				
		8	4		9	1		
8	3							
			2			9	1	
	6				3			5
3		9					2	
					5			
								4

				7				3
8								9
9				8	6		2	
		3		9			6	
						7		
4						1		
		8	1					
	4	7	8			3		
	1			2				5

Demanding

		6				3		
	4							
			5	8	9			
		4			6			
	9							
1				5	7			9
3			4				1	
	5						7	2
					6			8

2		8	1		3			4
					6			5
3			2				7	8
					1			
	4		8			5		
								3
		9	4	3			2	
	7					1	8	

Demanding

				7		6	3	5
			5			4		
	9							
			9					
			7		1		6	8
6	4					2		
		8				3		4
		7	6		4		9	
				2			5	

7								2
			1					
2	9	8				7		
							4	9
3		2			4		1	
		5	6					
	1					8		
					2		6	
			3		5			7

Demanding

					2			
8					1	6		9
	1	5	4					
	7				9			
	4		3				9	7
		6				8		
5							4	8
			7			5	6	

			8		6			
2	9		3	7				
	1	8				6		
5			2			1	3	
				8				
			5				8	
		2						4
				3		5		6
	4	1			5			

Beware! Very Challenging!

							5	
				1	7	9	8	
8		9				6	7	2
7								4
	3				1			
9	5			7			2	
		5	2					
4				6				
			1		4		9	

			4		8		1	
	7						8	
			9	1				2
						5		
6					3		2	1
1				9				
	3		5					
5	8						9	
			3		7	4		

Beware! Very Challenging!

1							4	
	2		8		9			
				4				2
				7	5	9		
	8						2	
2	5	9				7	6	
	7	6		9		5		
				1		8		

1							2	
			1					
4		9						8
		7			9		1	5
	2		6		1			
				4	5			2
			6					
		8	3			6	7	
	9		7				4	

Beware! Very Challenging!

		7						8
	1		3		9		7	
3			2					
7							2	
2		6		8		4		5
								1
9			6					
		5			4			
	7		5			6		

	8		1			9		
		4			5	1		
5					6			3
2			3					
	4							
		3	8				7	9
	5		9	1				
	1				3		2	
			7					

Beware! Very Challenging!

				6	9	4		7
2								
					8	1		
	2							6
	9	6				3		
				5			1	
8	6		9		4	2		
				1				3
9	7		5					

7		4						
			3	7		9	4	
	9			6	4	8		
	5		8		6			
				2			6	5
			7		5		8	1
1						3		4
2	4		6	5				
		9						

	6	7			9		2	
2							5	
				1	6		3	8
		3		2				
			9		4			
	2		6			4	9	
6	1				2			
	9	4						
7							4	3

	8		9		1			5
						6		4
			2				8	
							7	
	7	3				8		
		6		5	8			
		8	5				6	
		5			4			
		4		7	2		9	

Beware! Very Challenging!

9				1	4	8		
				8		5		
	2		6			9		
					7	4		
		9	3	2				
	3						1	
	1							4
					1	7		2
6				5				

			8			2		
7							8	
	4	1						7
						9	4	1
4					5			
		7	3		9		6	
					4			
	8		5	6	1			
		9		7				

1		7						6
5								9
2	6							
	1			3				
					2			1
			8	7		5	4	
9				1		8		
			7		3			
8				4	5		7	

		5		9		6		
	4		2				8	
	7				6			
				2				
		2						3
9			4	7	8		5	
	9							6
							4	7
8					1	9		

Beware! Very Challenging!

1							6	
		6	4		3			
							4	
2					7			8
	3		6		5		9	
	7		3			2		
		3				1		
		5		8				9
4		2				5		

			4		3			5
		5			8		6	
					5	2	1	
	5			6			7	4
6		4		9				
						5	9	
	8	9				3		
	7						2	

Beware! Very Challenging!

				3			6	
9			7		5			
		2				3	4	
					7			8
	3		1					
		4				9		
		5			9			
						7		2
1		9	2	7		8		

		1						9
	4		5					
		7			8		6	
					5			4
3					6		2	5
	8		7			6		
1		6		4	9			
	2		6	8			1	

144 Beware! Very Challenging!

							2	9
1						6		
7			5		6			4
				8				
6		7			9			3
						4		
8	4			2	1		3	
					7		8	
		3				2		

	1			3		7	6	
9							5	
	5			7	9	4	3	
5		8						
					3		9	
			4			6	7	
			8	5		1		
2			4		6			

Beware! Very Challenging!

	1							7
3						8	1	
2					4			
				6		4		5
	7			3		6		
4				7				
5				8	2			
		9				2		
	8				5			6

		9	8					4
	2			1				
			3	5				
	3	4					2	9
		7			6		1	
5							6	
	7			4		1	9	
8								
					7		3	8

Beware! Very Challenging!

3		5						8
			4	6				
	7			9				1
			6	8				
	9			1		8		
						7		2
		7				1	5	
8	2						6	
		9		7				

				3	6			
4	2						8	
		3				4		
				7				
5		6				3		
		7		1				9
				9	2			5
	7				3		4	6
		9						8

150 Beware! Very Challenging!

7	4	1	8	9	3	6	2	5
2	5	3	1	6	7	9	4	8
9	6	8	4	5	2	7	3	1
8	3	5	6	2	9	4	1	7
1	7	9	5	3	4	8	6	2
6	2	4	7	8	1	3	5	9
3	9	7	2	1	6	5	8	4
5	1	6	9	4	8	2	7	3
4	8	2	3	7	5	1	9	6

ANSWERS

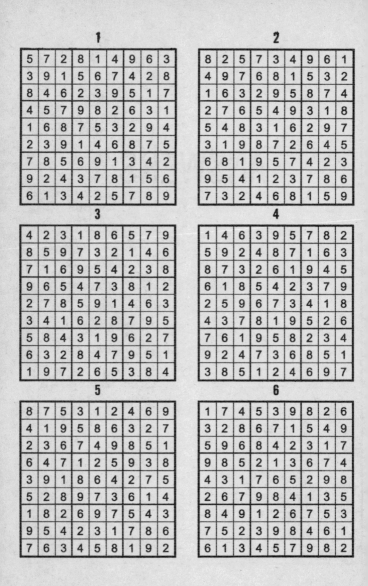

1

5	7	2	8	1	4	9	6	3
3	9	1	5	6	7	4	2	8
8	4	6	2	3	9	5	1	7
4	5	7	9	8	2	6	3	1
1	6	8	7	5	3	2	9	4
2	3	9	1	4	6	8	7	5
7	8	5	6	9	1	3	4	2
9	2	4	3	7	8	1	5	6
6	1	3	4	2	5	7	8	9

2

8	2	5	7	3	4	9	6	1
4	9	7	6	8	1	5	3	2
1	6	3	2	9	5	8	7	4
2	7	6	5	4	9	3	1	8
5	4	8	3	1	6	2	9	7
3	1	9	8	7	2	6	4	5
6	8	1	9	5	7	4	2	3
9	5	4	1	2	3	7	8	6
7	3	2	4	6	8	1	5	9

3

4	2	3	1	8	6	5	7	9
8	5	9	7	3	2	1	4	6
7	1	6	9	5	4	2	3	8
9	6	5	4	7	3	8	1	2
2	7	8	5	9	1	4	6	3
3	4	1	6	2	8	7	9	5
5	8	4	3	1	9	6	2	7
6	3	2	8	4	7	9	5	1
1	9	7	2	6	5	3	8	4

4

1	4	6	3	9	5	7	8	2
5	9	2	4	8	7	1	6	3
8	7	3	2	6	1	9	4	5
6	1	8	5	4	2	3	7	9
2	5	9	6	7	3	4	1	8
4	3	7	8	1	9	5	2	6
7	6	1	9	5	8	2	3	4
9	2	4	7	3	6	8	5	1
3	8	5	1	2	4	6	9	7

5

8	7	5	3	1	2	4	6	9
4	1	9	5	8	6	3	2	7
2	3	6	7	4	9	8	5	1
6	4	7	1	2	5	9	3	8
3	9	1	8	6	4	2	7	5
5	2	8	9	7	3	6	1	4
1	8	2	6	9	7	5	4	3
9	5	4	2	3	1	7	8	6
7	6	3	4	5	8	1	9	2

6

1	7	4	5	3	9	8	2	6
3	2	8	6	7	1	5	4	9
5	9	6	8	4	2	3	1	7
9	8	5	2	1	3	6	7	4
4	3	1	7	6	5	2	9	8
2	6	7	9	8	4	1	3	5
8	4	9	1	2	6	7	5	3
7	5	2	3	9	8	4	6	1
6	1	3	4	5	7	9	8	2

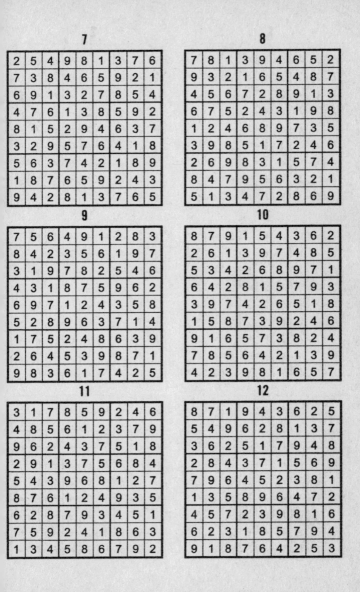

7

2	5	4	9	8	1	3	7	6
7	3	8	4	6	5	9	2	1
6	9	1	3	2	7	8	5	4
4	7	6	1	3	8	5	9	2
8	1	5	2	9	4	6	3	7
3	2	9	5	7	6	4	1	8
5	6	3	7	4	2	1	8	9
1	8	7	6	5	9	2	4	3
9	4	2	8	1	3	7	6	5

8

7	8	1	3	9	4	6	5	2
9	3	2	1	6	5	4	8	7
4	5	6	7	2	8	9	1	3
6	7	5	2	4	3	1	9	8
1	2	4	6	8	9	7	3	5
3	9	8	5	1	7	2	4	6
2	6	9	8	3	1	5	7	4
8	4	7	9	5	6	3	2	1
5	1	3	4	7	2	8	6	9

9

7	5	6	4	9	1	2	8	3
8	4	2	3	5	6	1	9	7
3	1	9	7	8	2	5	4	6
4	3	1	8	7	5	9	6	2
6	9	7	1	2	4	3	5	8
5	2	8	9	6	3	7	1	4
1	7	5	2	4	8	6	3	9
2	6	4	5	3	9	8	7	1
9	8	3	6	1	7	4	2	5

10

8	7	9	1	5	4	3	6	2
2	6	1	3	9	7	4	8	5
5	3	4	2	6	8	9	7	1
6	4	2	8	1	5	7	9	3
3	9	7	4	2	6	5	1	8
1	5	8	7	3	9	2	4	6
9	1	6	5	7	3	8	2	4
7	8	5	6	4	2	1	3	9
4	2	3	9	8	1	6	5	7

11

3	1	7	8	5	9	2	4	6
4	8	5	6	1	2	3	7	9
9	6	2	4	3	7	5	1	8
2	9	1	3	7	5	6	8	4
5	4	3	9	6	8	1	2	7
8	7	6	1	2	4	9	3	5
6	2	8	7	9	3	4	5	1
7	5	9	2	4	1	8	6	3
1	3	4	5	8	6	7	9	2

12

8	7	1	9	4	3	6	2	5
5	4	9	6	2	8	1	3	7
3	6	2	5	1	7	9	4	8
2	8	4	3	7	1	5	6	9
7	9	6	4	5	2	3	8	1
1	3	5	8	9	6	4	7	2
4	5	7	2	3	9	8	1	6
6	2	3	1	8	5	7	9	4
9	1	8	7	6	4	2	5	3

13

3	1	8	6	9	4	2	5	7
5	2	7	3	1	8	9	6	4
9	6	4	2	7	5	1	8	3
2	9	6	5	4	3	8	7	1
1	7	5	8	2	9	4	3	6
8	4	3	1	6	7	5	2	9
6	8	9	4	3	2	7	1	5
4	3	2	7	5	1	6	9	8
7	5	1	9	8	6	3	4	2

14

8	7	5	1	4	9	3	6	2
2	4	9	8	3	6	7	1	5
1	3	6	7	5	2	8	4	9
7	5	4	6	2	8	9	3	1
9	2	8	3	1	5	6	7	4
3	6	1	4	9	7	5	2	8
5	1	2	9	7	3	4	8	6
4	8	7	5	6	1	2	9	3
6	9	3	2	8	4	1	5	7

15

7	6	2	3	4	9	5	8	1
9	4	5	6	8	1	3	7	2
8	1	3	2	7	5	9	4	6
3	5	7	1	9	4	2	6	8
1	8	9	5	2	6	4	3	7
4	2	6	8	3	7	1	5	9
2	3	4	9	6	8	7	1	5
6	7	1	4	5	2	8	9	3
5	9	8	7	1	3	6	2	4

16

3	2	6	9	1	4	5	8	7
8	1	4	5	6	7	2	3	9
7	5	9	2	8	3	6	4	1
5	4	3	7	9	6	8	1	2
2	9	1	4	5	8	3	7	6
6	7	8	3	2	1	4	9	5
1	3	2	8	7	5	9	6	4
4	6	5	1	3	9	7	2	8
9	8	7	6	4	2	1	5	3

17

9	5	3	1	6	4	7	8	2
6	8	4	2	5	7	1	3	9
2	7	1	8	3	9	4	5	6
5	9	8	6	7	1	3	2	4
1	4	2	3	9	5	6	7	8
3	6	7	4	2	8	5	9	1
7	1	6	5	8	2	9	4	3
8	3	9	7	4	6	2	1	5
4	2	5	9	1	3	8	6	7

18

4	7	1	6	3	8	5	2	9
8	3	2	9	4	5	7	1	6
6	5	9	2	1	7	3	4	8
2	1	4	5	8	3	9	6	7
9	8	7	4	6	2	1	5	3
5	6	3	7	9	1	2	8	4
1	4	6	3	5	9	8	7	2
7	9	8	1	2	6	4	3	5
3	2	5	8	7	4	6	9	1

19

8	3	2	1	4	6	9	7	5
4	7	9	3	5	2	8	6	1
5	6	1	8	9	7	2	3	4
1	8	4	6	7	5	3	2	9
7	2	3	9	8	4	5	1	6
9	5	6	2	1	3	7	4	8
3	9	8	7	6	1	4	5	2
2	1	5	4	3	8	6	9	7
6	4	7	5	2	9	1	8	3

20

5	6	2	7	1	9	4	3	8
8	9	3	6	2	4	5	1	7
4	7	1	3	8	5	9	6	2
7	5	9	8	3	6	2	4	1
2	3	4	1	5	7	8	9	6
1	8	6	4	9	2	3	7	5
6	4	8	2	7	3	1	5	9
3	1	5	9	6	8	7	2	4
9	2	7	5	4	1	6	8	3

21

5	7	2	4	6	9	8	3	1
8	9	3	5	1	7	6	4	2
4	6	1	8	2	3	5	7	9
7	8	9	2	5	4	3	1	6
2	4	6	3	9	1	7	5	8
3	1	5	7	8	6	2	9	4
6	3	7	1	4	8	9	2	5
1	2	8	9	3	5	4	6	7
9	5	4	6	7	2	1	8	3

22

7	3	9	5	6	4	2	8	1
6	5	8	2	3	1	9	4	7
1	2	4	9	8	7	6	5	3
2	4	7	3	1	5	8	9	6
9	6	3	8	7	2	5	1	4
8	1	5	6	4	9	7	3	2
5	9	1	7	2	3	4	6	8
4	8	2	1	9	6	3	7	5
3	7	6	4	5	8	1	2	9

23

8	7	3	5	6	1	4	2	9
1	2	5	9	4	8	6	3	7
4	9	6	3	2	7	8	1	5
9	6	1	7	5	2	3	4	8
2	4	8	6	9	3	7	5	1
5	3	7	8	1	4	2	9	6
7	8	4	1	3	5	9	6	2
6	5	2	4	7	9	1	8	3
3	1	9	2	8	6	5	7	4

24

5	2	6	3	8	9	1	4	7
3	8	7	1	4	6	9	5	2
4	1	9	2	7	5	3	8	6
1	6	2	5	3	7	8	9	4
8	3	5	6	9	4	2	7	1
7	9	4	8	1	2	6	3	5
6	4	3	9	5	1	7	2	8
9	5	1	7	2	8	4	6	3
2	7	8	4	6	3	5	1	9

25

5	1	7	6	8	9	3	2	4
4	8	9	1	2	3	5	7	6
2	3	6	5	7	4	9	8	1
6	9	8	7	4	1	2	3	5
1	2	3	9	5	6	7	4	8
7	4	5	2	3	8	1	6	9
9	7	4	8	1	2	6	5	3
3	6	2	4	9	5	8	1	7
8	5	1	3	6	7	4	9	2

26

6	8	7	2	1	5	3	9	4
3	2	9	7	8	4	5	1	6
4	1	5	3	6	9	2	8	7
5	9	1	6	7	2	4	3	8
8	7	3	4	9	1	6	5	2
2	6	4	8	5	3	9	7	1
1	3	6	5	2	8	7	4	9
9	5	2	1	4	7	8	6	3
7	4	8	9	3	6	1	2	5

27

8	3	2	6	7	4	5	9	1
9	7	6	8	1	5	4	2	3
5	4	1	2	9	3	7	8	6
1	2	9	3	4	7	6	5	8
6	5	7	1	8	2	9	3	4
4	8	3	9	5	6	2	1	7
3	9	4	5	6	1	8	7	2
2	6	5	7	3	8	1	4	9
7	1	8	4	2	9	3	6	5

28

8	3	1	7	4	9	5	6	2
4	2	5	6	1	3	9	7	8
6	7	9	2	5	8	4	3	1
1	6	7	4	8	2	3	9	5
9	8	2	5	3	7	1	4	6
5	4	3	9	6	1	2	8	7
2	5	4	8	9	6	7	1	3
7	1	8	3	2	4	6	5	9
3	9	6	1	7	5	8	2	4

29

3	2	8	6	1	9	7	5	4
4	9	5	7	2	3	8	1	6
1	6	7	8	4	5	9	3	2
2	7	9	5	6	4	3	8	1
8	1	6	9	3	7	2	4	5
5	3	4	2	8	1	6	9	7
7	4	3	1	9	2	5	6	8
9	8	2	4	5	6	1	7	3
6	5	1	3	7	8	4	2	9

30

2	6	5	1	9	4	3	7	8
8	7	3	2	6	5	1	9	4
4	9	1	3	8	7	2	5	6
6	5	7	4	2	1	8	3	9
1	3	2	9	5	8	4	6	7
9	8	4	6	7	3	5	2	1
3	2	6	8	4	9	7	1	5
7	4	9	5	1	2	6	8	3
5	1	8	7	3	6	9	4	2

31

3	4	1	6	8	9	7	2	5
6	5	8	2	1	7	4	9	3
7	9	2	5	3	4	8	6	1
8	2	7	3	9	1	6	5	4
4	3	5	7	2	6	9	1	8
9	1	6	4	5	8	3	7	2
1	7	3	9	4	2	5	8	6
5	8	9	1	6	3	2	4	7
2	6	4	8	7	5	1	3	9

32

4	1	2	8	5	7	3	9	6
6	7	3	9	1	2	8	4	5
9	8	5	4	6	3	1	7	2
5	2	8	1	3	9	7	6	4
3	6	9	7	8	4	2	5	1
1	4	7	5	2	6	9	8	3
7	5	6	3	9	1	4	2	8
2	9	1	6	4	8	5	3	7
8	3	4	2	7	5	6	1	9

33

8	6	7	4	2	9	1	3	5
3	1	4	5	7	6	8	9	2
9	2	5	1	8	3	6	7	4
5	8	6	9	4	1	3	2	7
7	9	3	2	5	8	4	6	1
1	4	2	6	3	7	9	5	8
6	3	8	7	1	5	2	4	9
2	5	1	3	9	4	7	8	6
4	7	9	8	6	2	5	1	3

34

7	4	3	2	6	1	9	5	8
5	1	2	9	7	8	6	4	3
8	9	6	3	5	4	7	2	1
3	2	1	6	9	5	4	8	7
9	8	5	4	1	7	2	3	6
6	7	4	8	2	3	1	9	5
1	6	8	5	4	2	3	7	9
4	3	9	7	8	6	5	1	2
2	5	7	1	3	9	8	6	4

35

9	5	8	3	2	1	6	4	7
4	2	7	6	8	9	1	5	3
1	6	3	4	7	5	2	9	8
6	3	4	5	1	8	7	2	9
8	7	1	2	9	3	4	6	5
2	9	5	7	4	6	8	3	1
5	1	2	9	6	7	3	8	4
3	8	6	1	5	4	9	7	2
7	4	9	8	3	2	5	1	6

36

5	3	1	2	8	4	6	9	7
4	2	7	6	9	3	5	1	8
8	9	6	5	7	1	2	4	3
3	6	4	7	2	5	9	8	1
7	5	8	3	1	9	4	6	2
2	1	9	4	6	8	7	3	5
6	8	5	1	4	7	3	2	9
9	7	2	8	3	6	1	5	4
1	4	3	9	5	2	8	7	6

37

5	9	1	6	8	3	4	7	2
3	8	7	2	4	9	1	5	6
2	6	4	1	7	5	3	9	8
9	4	8	5	6	7	2	3	1
7	1	2	3	9	4	6	8	5
6	3	5	8	1	2	9	4	7
8	7	6	9	3	1	5	2	4
1	2	9	4	5	8	7	6	3
4	5	3	7	2	6	8	1	9

38

5	8	7	4	6	1	3	2	9
3	9	1	7	2	8	4	6	5
4	6	2	9	5	3	7	1	8
6	4	8	1	9	5	2	3	7
2	3	5	8	7	6	9	4	1
7	1	9	3	4	2	8	5	6
9	2	3	5	1	7	6	8	4
8	5	4	6	3	9	1	7	2
1	7	6	2	8	4	5	9	3

39

8	4	9	5	3	7	2	1	6
1	7	2	6	8	9	4	5	3
6	3	5	4	2	1	7	9	8
2	6	4	8	7	5	9	3	1
5	1	7	3	9	4	6	8	2
3	9	8	2	1	6	5	4	7
7	5	6	1	4	8	3	2	9
9	2	1	7	5	3	8	6	4
4	8	3	9	6	2	1	7	5

40

1	8	6	4	9	7	2	3	5
9	4	3	6	2	5	8	1	7
5	2	7	1	8	3	9	6	4
2	9	5	8	1	4	3	7	6
7	1	8	5	3	6	4	9	2
3	6	4	9	7	2	5	8	1
6	7	9	2	4	8	1	5	3
8	5	2	3	6	1	7	4	9
4	3	1	7	5	9	6	2	8

41

3	1	6	4	2	5	8	9	7
5	8	4	7	9	1	3	6	2
9	7	2	6	8	3	5	4	1
1	2	8	9	4	7	6	3	5
7	4	3	1	5	6	9	2	8
6	5	9	2	3	8	7	1	4
4	3	5	8	1	9	2	7	6
8	6	1	3	7	2	4	5	9
2	9	7	5	6	4	1	8	3

42

4	3	8	7	6	9	5	2	1
5	7	6	1	2	4	9	3	8
2	9	1	5	3	8	6	7	4
6	5	9	8	1	7	2	4	3
8	2	3	4	5	6	7	1	9
1	4	7	3	9	2	8	6	5
9	1	5	2	7	3	4	8	6
7	6	4	9	8	1	3	5	2
3	8	2	6	4	5	1	9	7

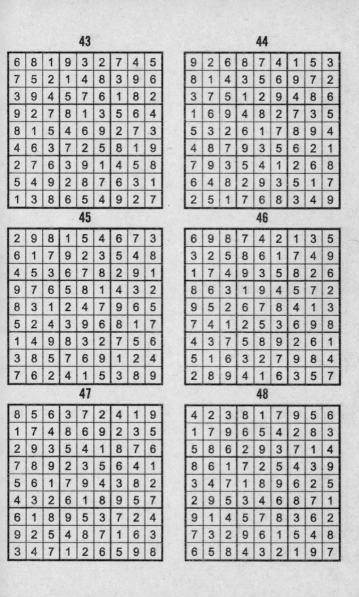

43

6	8	1	9	3	2	7	4	5
7	5	2	1	4	8	3	9	6
3	9	4	5	7	6	1	8	2
9	2	7	8	1	3	5	6	4
8	1	5	4	6	9	2	7	3
4	6	3	7	2	5	8	1	9
2	7	6	3	9	1	4	5	8
5	4	9	2	8	7	6	3	1
1	3	8	6	5	4	9	2	7

44

9	2	6	8	7	4	1	5	3
8	1	4	3	5	6	9	7	2
3	7	5	1	2	9	4	8	6
1	6	9	4	8	2	7	3	5
5	3	2	6	1	7	8	9	4
4	8	7	9	3	5	6	2	1
7	9	3	5	4	1	2	6	8
6	4	8	2	9	3	5	1	7
2	5	1	7	6	8	3	4	9

45

2	9	8	1	5	4	6	7	3
6	1	7	9	2	3	5	4	8
4	5	3	6	7	8	2	9	1
9	7	6	5	8	1	4	3	2
8	3	1	2	4	7	9	6	5
5	2	4	3	9	6	8	1	7
1	4	9	8	3	2	7	5	6
3	8	5	7	6	9	1	2	4
7	6	2	4	1	5	3	8	9

46

6	9	8	7	4	2	1	3	5
3	2	5	8	6	1	7	4	9
1	7	4	9	3	5	8	2	6
8	6	3	1	9	4	5	7	2
9	5	2	6	7	8	4	1	3
7	4	1	2	5	3	6	9	8
4	3	7	5	8	9	2	6	1
5	1	6	3	2	7	9	8	4
2	8	9	4	1	6	3	5	7

47

8	5	6	3	7	2	4	1	9
1	7	4	8	6	9	2	3	5
2	9	3	5	4	1	8	7	6
7	8	9	2	3	5	6	4	1
5	6	1	7	9	4	3	8	2
4	3	2	6	1	8	9	5	7
6	1	8	9	5	3	7	2	4
9	2	5	4	8	7	1	6	3
3	4	7	1	2	6	5	9	8

48

4	2	3	8	1	7	9	5	6
1	7	9	6	5	4	2	8	3
5	8	6	2	9	3	7	1	4
8	6	1	7	2	5	4	3	9
3	4	7	1	8	9	6	2	5
2	9	5	3	4	6	8	7	1
9	1	4	5	7	8	3	6	2
7	3	2	9	6	1	5	4	8
6	5	8	4	3	2	1	9	7

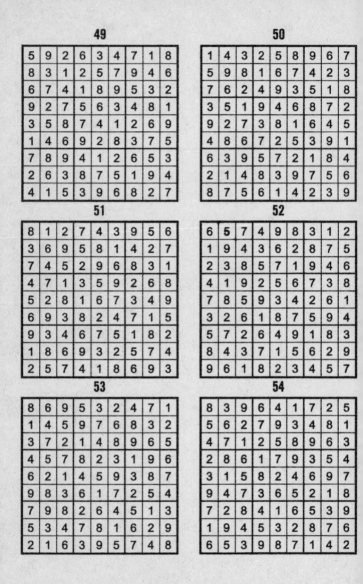

49

5	9	2	6	3	4	7	1	8
8	3	1	2	5	7	9	4	6
6	7	4	1	8	9	5	3	2
9	2	7	5	6	3	4	8	1
3	5	8	7	4	1	2	6	9
1	4	6	9	2	8	3	7	5
7	8	9	4	1	2	6	5	3
2	6	3	8	7	5	1	9	4
4	1	5	3	9	6	8	2	7

50

1	4	3	2	5	8	9	6	7
5	9	8	1	6	7	4	2	3
7	6	2	4	9	3	5	1	8
3	5	1	9	4	6	8	7	2
9	2	7	3	8	1	6	4	5
4	8	6	7	2	5	3	9	1
6	3	9	5	7	2	1	8	4
2	1	4	8	3	9	7	5	6
8	7	5	6	1	4	2	3	9

51

8	1	2	7	4	3	9	5	6
3	6	9	5	8	1	4	2	7
7	4	5	2	9	6	8	3	1
4	7	1	3	5	9	2	6	8
5	2	8	1	6	7	3	4	9
6	9	3	8	2	4	7	1	5
9	3	4	6	7	5	1	8	2
1	8	6	9	3	2	5	7	4
2	5	7	4	1	8	6	9	3

52

6	5	7	4	9	8	3	1	2
1	9	4	3	6	2	8	7	5
2	3	8	5	7	1	9	4	6
4	1	9	2	5	6	7	3	8
7	8	5	9	3	4	2	6	1
3	2	6	1	8	7	5	9	4
5	7	2	6	4	9	1	8	3
8	4	3	7	1	5	6	2	9
9	6	1	8	2	3	4	5	7

53

8	6	9	5	3	2	4	7	1
1	4	5	9	7	6	8	3	2
3	7	2	1	4	8	9	6	5
4	5	7	8	2	3	1	9	6
6	2	1	4	5	9	3	8	7
9	8	3	6	1	7	2	5	4
7	9	8	2	6	4	5	1	3
5	3	4	7	8	1	6	2	9
2	1	6	3	9	5	7	4	8

54

8	3	9	6	4	1	7	2	5
5	6	2	7	9	3	4	8	1
4	7	1	2	5	8	9	6	3
2	8	6	1	7	9	3	5	4
3	1	5	8	2	4	6	9	7
9	4	7	3	6	5	2	1	8
7	2	8	4	1	6	5	3	9
1	9	4	5	3	2	8	7	6
6	5	3	9	8	7	1	4	2

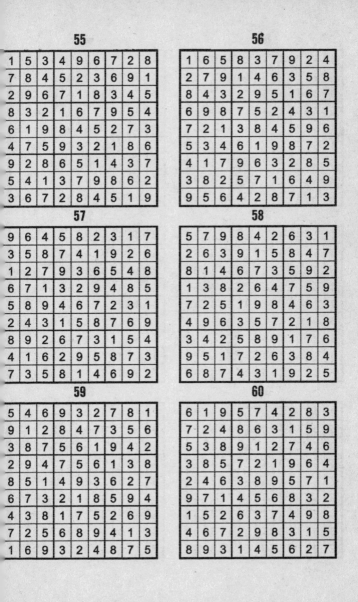

55

1	5	3	4	9	6	7	2	8
7	8	4	5	2	3	6	9	1
2	9	6	7	1	8	3	4	5
8	3	2	1	6	7	9	5	4
6	1	9	8	4	5	2	7	3
4	7	5	9	3	2	1	8	6
9	2	8	6	5	1	4	3	7
5	4	1	3	7	9	8	6	2
3	6	7	2	8	4	5	1	9

56

1	6	5	8	3	7	9	2	4
2	7	9	1	4	6	3	5	8
8	4	3	2	9	5	1	6	7
6	9	8	7	5	2	4	3	1
7	2	1	3	8	4	5	9	6
5	3	4	6	1	9	8	7	2
4	1	7	9	6	3	2	8	5
3	8	2	5	7	1	6	4	9
9	5	6	4	2	8	7	1	3

57

9	6	4	5	8	2	3	1	7
3	5	8	7	4	1	9	2	6
1	2	7	9	3	6	5	4	8
6	7	1	3	2	9	4	8	5
5	8	9	4	6	7	2	3	1
2	4	3	1	5	8	7	6	9
8	9	2	6	7	3	1	5	4
4	1	6	2	9	5	8	7	3
7	3	5	8	1	4	6	9	2

58

5	7	9	8	4	2	6	3	1
2	6	3	9	1	5	8	4	7
8	1	4	6	7	3	5	9	2
1	3	8	2	6	4	7	5	9
7	2	5	1	9	8	4	6	3
4	9	6	3	5	7	2	1	8
3	4	2	5	8	9	1	7	6
9	5	1	7	2	6	3	8	4
6	8	7	4	3	1	9	2	5

59

5	4	6	9	3	2	7	8	1
9	1	2	8	4	7	3	5	6
3	8	7	5	6	1	9	4	2
2	9	4	7	5	6	1	3	8
8	5	1	4	9	3	6	2	7
6	7	3	2	1	8	5	9	4
4	3	8	1	7	5	2	6	9
7	2	5	6	8	9	4	1	3
1	6	9	3	2	4	8	7	5

60

6	1	9	5	7	4	2	8	3
7	2	4	8	6	3	1	5	9
5	3	8	9	1	2	7	4	6
3	8	5	7	2	1	9	6	4
2	4	6	3	8	9	5	7	1
9	7	1	4	5	6	8	3	2
1	5	2	6	3	7	4	9	8
4	6	7	2	9	8	3	1	5
8	9	3	1	4	5	6	2	7

61

6	5	7	3	1	2	8	9	4
8	2	1	6	9	4	5	7	3
9	3	4	8	5	7	1	2	6
5	7	3	9	4	1	2	6	8
4	8	2	7	6	3	9	1	5
1	6	9	2	8	5	4	3	7
3	9	6	4	2	8	7	5	1
2	4	5	1	7	6	3	8	9
7	1	8	5	3	9	6	4	2

62

4	1	8	9	2	7	3	5	6
3	5	7	6	4	8	9	2	1
9	2	6	3	1	5	4	7	8
8	6	9	1	7	2	5	4	3
5	7	4	8	3	9	6	1	2
1	3	2	5	6	4	7	8	9
6	8	1	7	5	3	2	9	4
7	4	3	2	9	1	8	6	5
2	9	5	4	8	6	1	3	7

63

1	7	6	9	5	8	4	3	2
3	8	4	6	2	1	7	5	9
9	5	2	7	3	4	8	1	6
4	6	1	3	8	2	9	7	5
2	3	7	5	1	9	6	8	4
5	9	8	4	7	6	3	2	1
8	2	9	1	6	7	5	4	3
6	1	5	8	4	3	2	9	7
7	4	3	2	9	5	1	6	8

64

3	9	5	8	2	1	7	6	4
8	6	7	9	4	5	3	2	1
2	4	1	6	3	7	5	8	9
5	2	9	1	7	6	4	3	8
6	8	3	4	5	9	1	7	2
1	7	4	2	8	3	6	9	5
9	5	2	3	6	4	8	1	7
4	1	6	7	9	8	2	5	3
7	3	8	5	1	2	9	4	6

65

3	1	6	4	2	5	8	9	7
5	8	4	7	9	1	3	6	2
9	7	2	6	8	3	5	4	1
1	2	8	9	4	7	6	3	5
7	4	3	1	5	6	9	2	8
6	5	9	2	3	8	7	1	4
4	3	5	8	1	9	2	7	6
8	6	1	3	7	2	4	5	9
2	9	7	5	6	4	1	8	3

66

2	8	9	5	3	6	4	1	7
6	5	7	4	8	1	2	9	3
4	3	1	2	9	7	5	8	6
1	2	6	7	5	8	3	4	9
9	4	3	1	6	2	8	7	5
5	7	8	9	4	3	1	6	2
8	9	2	3	7	4	6	5	1
3	6	5	8	1	9	7	2	4
7	1	4	6	2	5	9	3	8

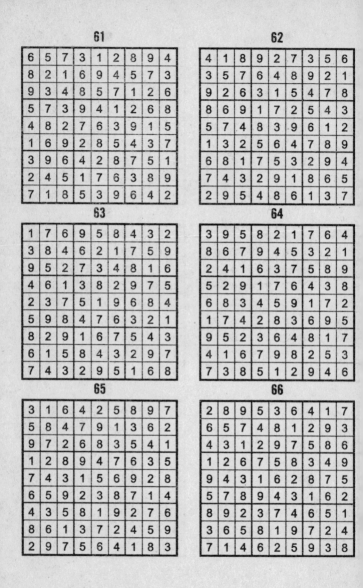

67

4	1	9	2	5	7	8	6	3
2	6	5	8	4	3	1	9	7
7	3	8	1	9	6	2	4	5
6	9	7	5	8	1	4	3	2
5	4	1	3	6	2	7	8	9
8	2	3	4	7	9	5	1	6
1	7	6	9	2	8	3	5	4
3	5	2	6	1	4	9	7	8
9	8	4	7	3	5	6	2	1

68

7	3	1	8	4	5	9	6	2
6	9	5	2	1	3	7	4	8
2	4	8	7	6	9	5	3	1
1	5	4	3	2	8	6	7	9
9	7	6	1	5	4	2	8	3
3	8	2	9	7	6	1	5	4
8	6	9	5	3	1	4	2	7
4	1	7	6	8	2	3	9	5
5	2	3	4	9	7	8	1	6

69

1	7	9	5	6	4	2	8	3
6	5	2	3	8	7	4	1	9
8	4	3	9	2	1	5	6	7
4	8	7	1	3	2	6	9	5
2	1	5	4	9	6	3	7	8
3	9	6	7	5	8	1	2	4
5	3	1	6	7	9	8	4	2
9	2	4	8	1	3	7	5	6
7	6	8	2	4	5	9	3	1

70

5	6	1	2	7	9	4	3	8
8	2	4	6	3	1	5	9	7
3	9	7	5	4	8	1	6	2
6	8	5	9	2	3	7	4	1
7	1	9	8	6	4	3	2	5
2	4	3	7	1	5	6	8	9
1	7	6	3	8	2	9	5	4
4	5	8	1	9	6	2	7	3
9	3	2	4	5	7	8	1	6

71

6	2	8	7	5	1	4	9	3
5	3	9	2	4	8	1	7	6
4	1	7	6	9	3	5	2	8
9	5	2	1	6	7	8	3	4
7	4	1	8	3	5	9	6	2
3	8	6	4	2	9	7	5	1
2	7	4	9	1	6	3	8	5
1	9	3	5	8	2	6	4	7
8	6	5	3	7	4	2	1	9

72

9	6	2	4	7	1	3	8	5
8	4	3	2	5	6	9	1	7
1	5	7	3	9	8	2	4	6
5	9	6	8	3	2	1	7	4
2	7	4	6	1	5	8	3	9
3	1	8	7	4	9	6	5	2
4	8	9	5	6	3	7	2	1
6	2	5	1	8	7	4	9	3
7	3	1	9	2	4	5	6	8

73

8	6	4	1	5	3	2	9	7
9	3	7	4	2	8	6	1	5
2	1	5	7	6	9	3	8	4
3	7	2	8	4	1	9	5	6
6	4	1	2	9	5	8	7	3
5	8	9	6	3	7	4	2	1
7	9	6	3	1	2	5	4	8
1	5	3	9	8	4	7	6	2
4	2	8	5	7	6	1	3	9

74

1	8	4	7	2	9	6	3	5
9	6	5	8	3	4	2	7	1
2	7	3	6	1	5	4	8	9
8	9	2	3	7	6	1	5	4
3	4	1	5	8	2	7	9	6
6	5	7	9	4	1	8	2	3
7	2	9	4	6	3	5	1	8
4	3	8	1	5	7	9	6	2
5	1	6	2	9	8	3	4	7

75

7	6	3	5	8	1	9	4	2
1	4	2	3	9	6	7	5	8
5	9	8	7	4	2	1	3	6
6	8	9	4	2	3	5	1	7
3	1	5	8	6	7	4	2	9
2	7	4	1	5	9	6	8	3
9	3	1	2	7	5	8	6	4
4	5	7	6	3	8	2	9	1
8	2	6	9	1	4	3	7	5

76

3	6	5	2	8	7	1	4	9
2	9	7	4	6	1	8	3	5
1	4	8	3	5	9	6	7	2
4	7	9	1	2	3	5	6	8
5	1	3	8	4	6	2	9	7
8	2	6	9	7	5	4	1	3
6	3	4	5	9	2	7	8	1
9	8	2	7	1	4	3	5	6
7	5	1	6	3	8	9	2	4

77

1	8	2	5	7	6	9	3	4
6	9	4	3	2	1	7	8	5
5	7	3	9	4	8	6	2	1
9	5	6	1	3	4	2	7	8
4	3	7	8	5	2	1	6	9
2	1	8	7	6	9	4	5	3
7	4	9	2	8	3	5	1	6
8	6	5	4	1	7	3	9	2
3	2	1	6	9	5	8	4	7

78

4	9	8	3	1	2	5	7	6
6	3	1	7	5	8	9	4	2
7	5	2	6	9	4	3	1	8
8	6	7	9	3	5	4	2	1
9	1	3	2	4	7	6	8	5
2	4	5	1	8	6	7	9	3
1	8	9	4	6	3	2	5	7
5	2	6	8	7	9	1	3	4
3	7	4	5	2	1	8	6	9

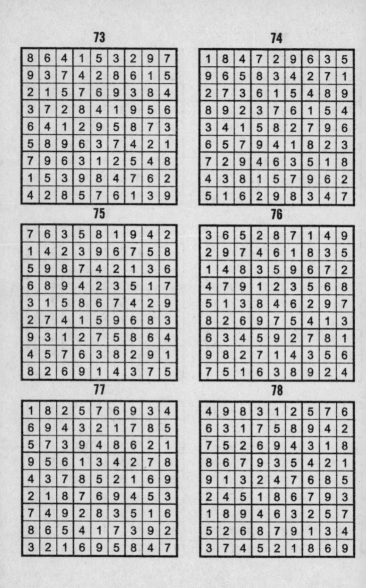

79

7	2	6	4	1	9	8	5	3
5	1	3	2	7	8	6	4	9
4	9	8	3	5	6	2	1	7
9	6	1	5	8	4	7	3	2
3	5	7	1	6	2	4	9	8
8	4	2	9	3	7	1	6	5
6	3	4	7	2	5	9	8	1
1	7	9	8	4	3	5	2	6
2	8	5	6	9	1	3	7	4

80

3	6	8	5	2	9	1	7	4
2	5	9	4	1	7	3	6	8
1	4	7	8	6	3	5	2	9
8	2	6	3	4	1	7	9	5
4	3	5	9	7	6	2	8	1
9	7	1	2	8	5	6	4	3
7	9	2	1	5	4	8	3	6
5	8	3	6	9	2	4	1	7
6	1	4	7	3	8	9	5	2

81

9	8	1	6	4	2	7	3	5
5	4	7	9	1	3	6	8	2
3	6	2	5	8	7	9	4	1
2	5	8	3	6	9	1	7	4
7	9	3	1	5	4	2	6	8
4	1	6	2	7	8	5	9	3
6	2	9	4	3	1	8	5	7
8	3	5	7	2	6	4	1	9
1	7	4	8	9	5	3	2	6

82

5	3	1	4	6	9	8	2	7
9	6	7	2	1	8	4	3	5
2	8	4	7	3	5	6	1	9
8	4	5	6	2	3	9	7	1
6	2	3	1	9	7	5	8	4
1	7	9	5	8	4	3	6	2
4	1	8	9	7	6	2	5	3
3	9	2	8	5	1	7	4	6
7	5	6	3	4	2	1	9	8

83

6	5	9	7	3	2	1	8	4
7	4	1	8	6	9	5	3	2
8	2	3	1	4	5	6	9	7
1	6	8	4	9	3	7	2	5
4	9	2	5	7	8	3	6	1
3	7	5	6	2	1	9	4	8
2	1	6	9	5	4	8	7	3
9	8	4	3	1	7	2	5	6
5	3	7	2	8	6	4	1	9

84

8	4	5	3	9	1	2	6	7
2	6	9	8	4	7	5	3	1
3	7	1	5	2	6	9	8	4
4	3	7	9	1	8	6	5	2
9	2	6	7	3	5	4	1	8
1	5	8	2	6	4	7	9	3
7	1	4	6	8	9	3	2	5
5	9	2	1	7	3	8	4	6
6	8	3	4	5	2	1	7	9

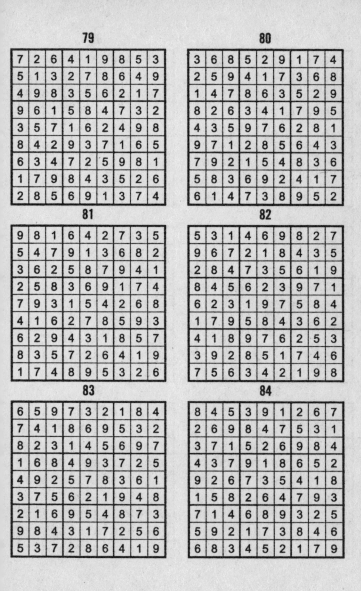

85

1	3	4	9	5	7	8	2	6
9	6	8	2	4	1	7	5	3
2	5	7	3	6	8	4	9	1
6	4	2	8	3	9	5	1	7
3	7	1	4	2	5	9	6	8
8	9	5	1	7	6	3	4	2
4	1	3	7	9	2	6	8	5
7	8	6	5	1	4	2	3	9
5	2	9	6	8	3	1	7	4

86

4	9	8	6	2	5	3	7	1
2	3	7	1	8	9	4	5	6
1	6	5	7	4	3	2	8	9
9	5	2	3	6	8	1	4	7
7	1	6	5	9	4	8	3	2
3	8	4	2	1	7	9	6	5
5	4	9	8	7	1	6	2	3
6	7	1	4	3	2	5	9	8
8	2	3	9	5	6	7	1	4

87

7	8	6	3	5	9	1	4	2
1	4	5	6	2	7	9	8	3
9	3	2	1	8	4	5	7	6
5	7	8	2	4	1	6	3	9
2	6	4	9	3	8	7	5	1
3	1	9	7	6	5	8	2	4
8	9	1	4	7	3	2	6	5
6	5	3	8	1	2	4	9	7
4	2	7	5	9	6	3	1	8

88

7	2	9	1	8	4	3	6	5
8	1	5	6	7	3	2	4	9
3	4	6	9	2	5	1	8	7
2	8	3	4	9	1	7	5	6
4	5	7	8	3	6	9	1	2
6	9	1	2	5	7	8	3	4
1	3	2	5	4	9	6	7	8
5	7	8	3	6	2	4	9	1
9	6	4	7	1	8	5	2	3

89

1	6	3	9	5	8	4	2	7
7	5	4	1	2	6	8	9	3
8	2	9	7	4	3	1	5	6
4	8	1	2	6	7	9	3	5
5	3	7	4	9	1	2	6	8
2	9	6	8	3	5	7	4	1
3	7	2	6	8	4	5	1	9
6	4	8	5	1	9	3	7	2
9	1	5	3	7	2	6	8	4

90

1	3	6	4	7	8	2	9	5
7	9	5	1	2	6	3	4	8
8	4	2	5	3	9	7	6	1
9	8	3	7	6	4	5	1	2
5	6	7	9	1	2	4	8	3
4	2	1	8	5	3	9	7	6
6	7	4	3	8	5	1	2	9
2	5	9	6	4	1	8	3	7
3	1	8	2	9	7	6	5	4

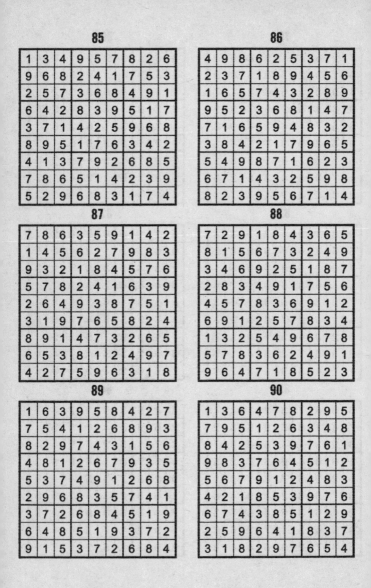

91

3	6	9	4	2	5	1	8	7
2	8	7	6	3	1	4	5	9
1	4	5	7	8	9	6	3	2
8	1	6	5	7	2	3	9	4
7	5	3	9	4	8	2	1	6
9	2	4	1	6	3	8	7	5
6	3	8	2	5	7	9	4	1
4	7	1	8	9	6	5	2	3
5	9	2	3	1	4	7	6	8

92

6	3	2	5	1	4	7	9	8
4	1	7	8	2	9	5	3	6
9	5	8	7	6	3	1	2	4
3	2	6	9	7	1	4	8	5
1	7	5	3	4	8	2	6	9
8	9	4	6	5	2	3	1	7
2	6	1	4	9	7	8	5	3
7	8	9	2	3	5	6	4	1
5	4	3	1	8	6	9	7	2

93

9	5	6	4	1	7	8	2	3
3	1	2	6	9	8	7	5	4
7	4	8	5	2	3	9	6	1
2	7	9	8	4	1	6	3	5
6	8	1	3	5	9	4	7	2
4	3	5	2	7	6	1	9	8
5	2	7	9	8	4	3	1	6
8	9	3	1	6	2	5	4	7
1	6	4	7	3	5	2	8	9

94

9	7	5	4	2	1	6	3	8
6	4	2	9	8	3	7	5	1
8	3	1	5	6	7	2	4	9
5	8	9	6	7	4	3	1	2
4	1	7	8	3	2	5	9	6
3	2	6	1	5	9	4	8	7
7	5	4	2	1	8	9	6	3
2	9	8	3	4	6	1	7	5
1	6	3	7	9	5	8	2	4

95

6	3	4	7	2	5	8	1	9
5	8	7	3	1	9	2	6	4
2	1	9	6	4	8	5	7	3
8	9	6	5	7	4	3	2	1
4	2	1	9	6	3	7	8	5
3	7	5	1	8	2	4	9	6
7	4	3	2	9	6	1	5	8
1	6	8	4	5	7	9	3	2
9	5	2	8	3	1	6	4	7

96

5	2	7	6	8	1	9	3	4
8	9	3	7	5	4	1	6	2
6	1	4	3	9	2	7	5	8
4	6	5	8	7	3	2	9	1
3	7	2	5	1	9	4	8	6
1	8	9	4	2	6	3	7	5
2	5	1	9	3	8	6	4	7
9	4	8	1	6	7	5	2	3
7	3	6	2	4	5	8	1	9

97

4	7	2	1	5	9	3	6	8
6	1	5	8	3	2	7	9	4
8	9	3	6	4	7	5	2	1
2	6	1	3	7	8	4	5	9
3	8	9	4	2	5	6	1	7
5	4	7	9	6	1	8	3	2
1	5	4	2	8	3	9	7	6
7	2	8	5	9	6	1	4	3
9	3	6	7	1	4	2	8	5

98

4	3	8	5	2	1	9	6	7
9	5	7	6	3	8	2	4	1
2	1	6	7	4	9	5	8	3
6	9	3	2	1	7	8	5	4
1	4	5	3	8	6	7	9	2
8	7	2	9	5	4	3	1	6
5	6	9	4	7	2	1	3	8
7	8	4	1	9	3	6	2	5
3	2	1	8	6	5	4	7	9

99

4	2	3	9	5	7	6	1	8
6	5	7	4	1	8	9	3	2
9	1	8	2	3	6	7	5	4
1	6	2	5	9	3	8	4	7
5	8	4	6	7	2	3	9	1
7	3	9	1	8	4	5	2	6
3	9	6	7	4	1	2	8	5
2	4	5	8	6	9	1	7	3
8	7	1	3	2	5	4	6	9

100

9	5	7	8	3	6	1	2	4
3	2	8	4	1	9	5	7	6
6	4	1	7	5	2	8	3	9
2	7	3	6	4	5	9	1	8
5	8	4	1	9	3	2	6	7
1	6	9	2	8	7	3	4	5
8	1	5	3	7	4	6	9	2
4	9	6	5	2	1	7	8	3
7	3	2	9	6	8	4	5	1

101

5	8	2	9	7	1	3	6	4
3	4	1	5	6	2	8	9	7
7	6	9	3	8	4	5	2	1
6	5	8	1	4	7	2	3	9
4	9	3	2	5	8	7	1	6
2	1	7	6	3	9	4	8	5
1	2	4	8	9	5	6	7	3
9	7	6	4	2	3	1	5	8
8	3	5	7	1	6	9	4	2

102

8	7	9	2	6	3	4	1	5
1	6	4	7	8	5	3	2	9
5	3	2	4	1	9	8	7	6
9	1	7	6	3	4	5	8	2
6	2	5	1	9	8	7	4	3
4	8	3	5	7	2	9	6	1
3	4	1	8	5	6	2	9	7
7	5	8	9	2	1	6	3	4
2	9	6	3	4	7	1	5	8

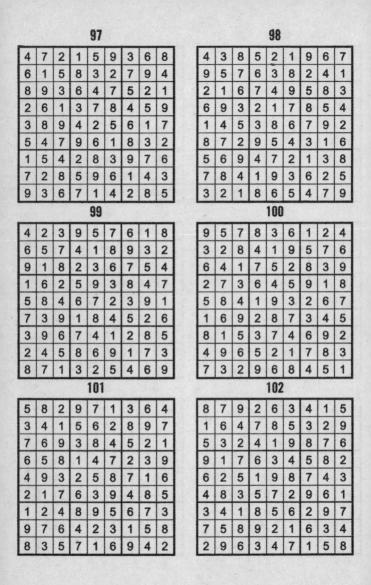

103

2	7	3	5	8	4	9	1	6
6	1	5	9	3	2	4	8	7
8	4	9	1	6	7	3	2	5
5	6	7	4	2	3	1	9	8
4	8	1	7	5	9	2	6	3
3	9	2	8	1	6	7	5	4
7	5	6	3	9	1	8	4	2
1	2	4	6	7	8	5	3	9
9	3	8	2	4	5	6	7	1

104

7	9	1	3	4	5	8	2	6
8	2	5	7	6	9	3	4	1
4	3	6	2	1	8	9	5	7
2	6	7	1	5	3	4	8	9
5	4	3	9	8	6	1	7	2
1	8	9	4	2	7	6	3	5
6	1	4	8	7	2	5	9	3
9	7	8	5	3	1	2	6	4
3	5	2	6	9	4	7	1	8

105

5	4	7	6	2	9	3	8	1
2	9	1	3	8	5	7	4	6
6	8	3	1	7	4	5	2	9
4	3	9	2	6	7	8	1	5
8	6	5	4	9	1	2	7	3
7	1	2	8	5	3	9	6	4
1	7	4	9	3	2	6	5	8
9	5	8	7	4	6	1	3	2
3	2	6	5	1	8	4	9	7

106

5	4	9	2	3	6	8	1	7
8	2	6	1	7	4	9	3	5
3	1	7	8	5	9	6	4	2
2	5	4	7	1	8	3	9	6
7	6	8	9	4	3	2	5	1
1	9	3	6	2	5	4	7	8
6	7	1	3	9	2	5	8	4
4	3	2	5	8	7	1	6	9
9	8	5	4	6	1	7	2	3

107

1	6	9	5	3	4	8	2	7
7	2	4	6	9	8	3	5	1
5	3	8	1	2	7	9	4	6
6	1	7	9	8	2	4	3	5
3	9	5	4	1	6	2	7	8
8	4	2	3	7	5	1	6	9
9	8	6	7	4	3	5	1	2
4	5	1	2	6	9	7	8	3
2	7	3	8	5	1	6	9	4

108

9	5	8	1	7	4	3	6	2
7	2	4	9	3	6	8	1	5
6	3	1	5	2	8	4	7	9
1	7	3	6	4	2	5	9	8
2	8	5	7	9	3	6	4	1
4	9	6	8	5	1	7	2	3
5	4	7	3	1	9	2	8	6
8	1	2	4	6	5	9	3	7
3	6	9	2	8	7	1	5	4

109

1	7	8	5	4	9	6	2	3
6	9	4	2	3	8	5	7	1
5	2	3	7	6	1	9	8	4
9	8	6	4	2	7	1	3	5
2	4	5	9	1	3	8	6	7
7	3	1	8	5	6	4	9	2
3	1	2	6	8	5	7	4	9
8	5	7	3	9	4	2	1	6
4	6	9	1	7	2	3	5	8

110

8	4	1	9	7	2	5	3	6
7	5	9	3	6	1	2	8	4
2	6	3	8	5	4	1	7	9
5	8	7	2	3	9	4	6	1
1	2	4	6	8	5	3	9	7
3	9	6	1	4	7	8	5	2
4	7	8	5	2	6	9	1	3
6	1	5	4	9	3	7	2	8
9	3	2	7	1	8	6	4	5

111

8	7	3	4	2	5	9	6	1
1	6	5	7	3	9	4	2	8
4	2	9	6	8	1	7	3	5
6	9	1	2	5	7	3	8	4
7	4	8	3	9	6	1	5	2
3	5	2	1	4	8	6	9	7
9	3	4	5	7	2	8	1	6
5	8	6	9	1	4	2	7	3
2	1	7	8	6	3	5	4	9

112

8	2	4	3	5	7	6	1	9
7	9	3	6	1	2	5	8	4
1	6	5	4	9	8	2	3	7
6	3	8	1	7	9	4	5	2
2	4	7	5	3	6	8	9	1
5	1	9	8	2	4	7	6	3
4	5	2	9	6	1	3	7	8
3	7	1	2	8	5	9	4	6
9	8	6	7	4	3	1	2	5

113

2	1	9	8	4	7	3	6	5
6	3	7	9	2	5	1	8	4
4	8	5	6	3	1	2	7	9
1	6	8	2	7	4	9	5	3
9	4	3	1	5	6	7	2	8
5	7	2	3	8	9	4	1	6
3	2	6	4	1	8	5	9	7
7	9	4	5	6	2	8	3	1
8	5	1	7	9	3	6	4	2

114

9	5	7	8	3	6	1	2	4
3	2	8	4	1	9	5	7	6
6	4	1	7	5	2	8	3	9
2	7	3	6	4	5	9	1	8
5	8	4	1	9	3	2	6	7
1	6	9	2	8	7	3	4	5
8	1	5	3	7	4	6	9	2
4	9	6	5	2	1	7	8	3
7	3	2	9	6	8	4	5	1

115

2	4	7	8	3	1	6	9	5
8	9	6	4	7	5	2	3	1
1	5	3	2	9	6	7	8	4
4	7	5	9	2	3	8	1	6
6	3	8	1	5	7	4	2	9
9	1	2	6	4	8	3	5	7
5	2	4	3	6	9	1	7	8
3	8	9	7	1	4	5	6	2
7	6	1	5	8	2	9	4	3

116

6	4	1	7	9	5	3	2	8
3	5	8	2	4	6	7	9	1
9	2	7	8	1	3	4	5	6
8	6	9	3	2	1	5	7	4
2	7	4	6	5	9	1	8	3
5	1	3	4	7	8	9	6	2
7	8	2	9	3	4	6	1	5
4	9	5	1	6	2	8	3	7
1	3	6	5	8	7	2	4	9

117

3	7	2	4	5	9	6	1	8
5	6	4	1	8	2	3	7	9
1	9	8	6	3	7	2	5	4
2	5	9	8	6	3	7	4	1
7	8	6	9	4	1	5	3	2
4	3	1	7	2	5	9	8	6
6	4	5	2	7	8	1	9	3
8	1	3	5	9	6	4	2	7
9	2	7	3	1	4	8	6	5

118

7	9	3	5	1	8	6	4	2
1	2	4	6	3	7	8	5	9
6	5	8	4	2	9	1	3	7
8	3	1	9	5	4	2	7	6
4	7	5	2	8	6	9	1	3
9	6	2	1	7	3	4	8	5
3	4	9	7	6	1	5	2	8
2	8	6	3	4	5	7	9	1
5	1	7	8	9	2	3	6	4

119

6	2	1	9	7	4	8	5	3
8	3	4	5	1	2	6	7	9
9	7	5	3	8	6	4	2	1
7	8	3	2	9	1	5	6	4
1	5	9	6	4	8	7	3	2
4	6	2	7	3	5	1	9	8
5	9	8	1	6	3	2	4	7
2	4	7	8	5	9	3	1	6
3	1	6	4	2	7	9	8	5

120

5	8	6	1	4	2	3	9	7
9	4	2	6	7	3	5	8	1
7	3	1	5	8	9	2	6	4
2	7	4	8	9	6	1	5	3
8	9	5	3	1	4	7	2	6
1	6	3	2	5	7	8	4	9
3	2	7	4	6	8	9	1	5
6	5	8	9	3	1	4	7	2
4	1	9	7	2	5	6	3	8

121

6	9	7	5	8	4	3	1	2
2	5	8	1	9	3	7	6	4
1	3	4	7	2	6	8	9	5
3	6	1	2	4	5	9	7	8
9	8	5	3	7	1	2	4	6
7	4	2	8	6	9	5	3	1
8	2	6	9	1	7	4	5	3
5	1	9	4	3	8	6	2	7
4	7	3	6	5	2	1	8	9

122

1	8	2	4	7	9	6	3	5
7	3	6	5	1	8	4	2	9
4	9	5	2	3	6	7	8	1
8	7	1	9	6	2	5	4	3
5	2	3	7	4	1	9	6	8
6	4	9	8	5	3	2	1	7
2	6	8	1	9	5	3	7	4
3	5	7	6	8	4	1	9	2
9	1	4	3	2	7	8	5	6

123

7	6	1	8	9	3	4	5	2
4	5	3	1	2	7	9	8	6
2	9	8	5	4	6	7	3	1
1	7	6	2	5	8	3	4	9
3	8	2	9	7	4	6	1	5
9	4	5	6	3	1	2	7	8
5	1	7	4	6	9	8	2	3
8	3	9	7	1	2	5	6	4
6	2	4	3	8	5	1	9	7

124

7	6	9	3	8	2	4	1	5
8	3	4	5	7	1	6	2	9
2	1	5	4	9	6	7	8	3
3	7	2	8	4	9	1	5	6
1	4	8	6	3	5	2	9	7
9	5	6	2	1	7	8	3	4
5	2	7	1	6	3	9	4	8
6	8	1	9	5	4	3	7	2
4	9	3	7	2	8	5	6	1

125

4	3	5	8	1	6	2	9	7
2	9	6	3	7	4	8	5	1
7	1	8	9	5	2	6	4	3
5	8	4	2	6	7	1	3	9
9	2	3	1	4	8	7	6	5
1	6	7	5	9	3	4	8	2
6	5	2	7	8	9	3	1	4
8	7	9	4	3	1	5	2	6
3	4	1	6	2	5	9	7	8

126

3	6	7	8	9	2	4	5	1
5	4	2	6	1	7	9	8	3
8	1	9	3	4	5	6	7	2
7	8	1	9	2	6	5	3	4
2	3	4	5	8	1	7	6	9
9	5	6	4	7	3	1	2	8
1	7	5	2	3	9	8	4	6
4	9	3	7	6	8	2	1	5
6	2	8	1	5	4	3	9	7

127

3	6	2	4	7	8	9	1	5
9	7	1	2	3	5	6	8	4
8	4	5	9	1	6	7	3	2
7	2	3	8	4	1	5	6	9
6	9	4	7	5	3	8	2	1
1	5	8	6	9	2	3	4	7
4	3	6	5	2	9	1	7	8
5	8	7	1	6	4	2	9	3
2	1	9	3	8	7	4	5	6

128

1	3	8	5	2	7	6	4	9
6	2	4	8	3	9	1	5	7
7	9	5	1	4	6	3	8	2
4	6	1	2	7	5	9	3	8
3	8	7	9	6	1	4	2	5
2	5	9	3	8	4	7	6	1
8	7	6	4	9	2	5	1	3
9	1	3	6	5	8	2	7	4
5	4	2	7	1	3	8	9	6

129

1	5	3	4	8	6	9	2	7
7	8	2	1	9	3	4	5	6
4	6	9	5	2	7	1	3	8
6	4	7	2	3	9	8	1	5
8	2	5	6	7	1	3	9	4
9	3	1	8	4	5	7	6	2
3	7	4	9	6	2	5	8	1
2	1	8	3	5	4	6	7	9
5	9	6	7	1	8	2	4	3

130

4	2	7	1	6	5	3	9	8
5	1	8	3	4	9	2	7	6
3	6	9	2	7	8	1	5	4
7	5	1	4	3	6	8	2	9
2	9	6	7	8	1	4	3	5
8	4	3	9	5	2	7	6	1
9	8	2	6	1	7	5	4	3
6	3	5	8	2	4	9	1	7
1	7	4	5	9	3	6	8	2

131

6	8	2	1	3	7	9	5	4
9	3	4	2	8	5	1	6	7
5	7	1	4	9	6	2	8	3
2	9	7	3	5	1	6	4	8
8	4	5	7	6	9	3	1	2
1	6	3	8	2	4	5	7	9
4	5	8	9	1	2	7	3	6
7	1	9	6	4	3	8	2	5
3	2	6	5	7	8	4	9	1

132

3	1	5	2	6	9	4	8	7
2	8	7	1	4	5	6	3	9
6	4	9	7	3	8	1	2	5
1	2	8	3	9	7	5	4	6
5	9	6	4	8	1	3	7	2
7	3	4	6	5	2	9	1	8
8	6	3	9	7	4	2	5	1
4	5	2	8	1	6	7	9	3
9	7	1	5	2	3	8	6	4

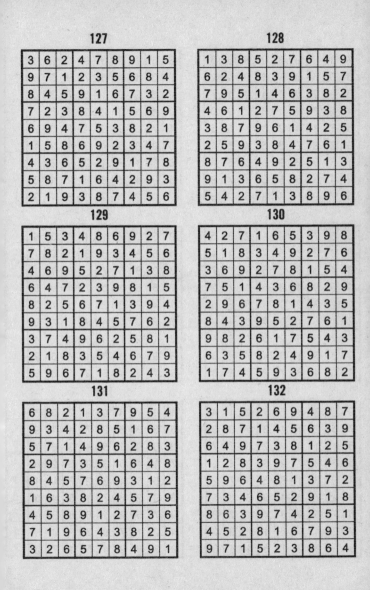

133

7	1	4	9	8	2	5	3	6
6	8	5	3	7	1	9	4	2
3	9	2	5	6	4	8	1	7
4	5	7	8	1	6	2	9	3
8	3	1	4	2	9	7	6	5
9	2	6	7	3	5	4	8	1
1	6	8	2	9	7	3	5	4
2	4	3	6	5	8	1	7	9
5	7	9	1	4	3	6	2	8

134

8	6	7	5	3	9	1	2	4
2	3	1	4	8	7	9	5	6
4	5	9	2	1	6	7	3	8
9	4	3	8	2	1	5	6	7
1	7	6	9	5	4	3	8	2
5	2	8	6	7	3	4	9	1
6	1	5	3	4	2	8	7	9
3	9	4	7	6	8	2	1	5
7	8	2	1	9	5	6	4	3

135

6	8	7	9	4	1	2	3	5
5	9	2	3	8	7	6	1	4
3	4	1	6	2	5	9	8	7
8	5	9	4	3	6	1	7	2
4	7	3	2	1	9	8	5	6
2	1	6	7	5	8	3	4	9
7	2	8	5	9	3	4	6	1
9	3	5	1	6	4	7	2	8
1	6	4	8	7	2	5	9	3

136

9	5	7	2	1	4	8	3	6
4	6	1	9	8	3	5	2	7
3	2	8	6	7	5	9	4	1
2	8	5	1	6	7	4	9	3
1	4	9	3	2	8	6	7	5
7	3	6	5	4	9	2	1	8
8	1	2	7	9	6	3	5	4
5	9	4	8	3	1	7	6	2
6	7	3	4	5	2	1	8	9

137

9	6	3	8	5	7	2	1	4
7	5	2	4	1	3	6	8	9
8	4	1	6	9	2	5	3	7
5	3	8	7	2	6	9	4	1
4	9	6	1	8	5	3	7	2
1	2	7	3	4	9	8	6	5
6	7	5	9	3	4	1	2	8
2	8	4	5	6	1	7	9	3
3	1	9	2	7	8	4	5	6

138

1	4	7	3	9	8	2	5	6
5	8	3	6	2	7	4	1	9
2	6	9	1	5	4	3	8	7
7	1	4	5	3	9	6	2	8
3	5	8	4	6	2	7	9	1
6	9	2	8	7	1	5	4	3
9	7	5	2	1	6	8	3	4
4	2	1	7	8	3	9	6	5
8	3	6	9	4	5	1	7	2

139

2	1	5	8	9	3	6	7	4
6	4	9	2	5	7	3	8	1
3	7	8	1	4	6	5	2	9
1	5	7	3	2	9	4	6	8
4	8	2	6	1	5	7	9	3
9	3	6	4	7	8	1	5	2
7	9	3	5	8	4	2	1	6
5	6	1	9	3	2	8	4	7
8	2	4	7	6	1	9	3	5

140

1	4	8	5	9	2	7	6	3
5	9	6	4	7	3	8	1	2
3	2	7	8	6	1	9	4	5
2	5	4	9	1	7	6	3	8
8	3	1	6	2	5	4	9	7
6	7	9	3	4	8	2	5	1
9	8	3	2	5	6	1	7	4
7	6	5	1	8	4	3	2	9
4	1	2	7	3	9	5	8	6

141

7	6	2	4	1	3	9	8	5
1	3	5	9	2	8	4	6	7
4	9	8	6	7	5	2	1	3
9	5	3	8	6	2	1	7	4
6	1	4	5	9	7	8	3	2
8	2	7	1	3	4	5	9	6
2	8	9	7	5	6	3	4	1
5	7	1	3	4	9	6	2	8
3	4	6	2	8	1	7	5	9

142

4	1	7	8	3	2	5	6	9
9	6	3	7	4	5	2	8	1
8	5	2	9	1	6	3	4	7
5	9	1	3	6	7	4	2	8
2	3	8	1	9	4	6	7	5
6	7	4	5	2	8	9	1	3
7	2	5	6	8	9	1	3	4
3	8	6	4	5	1	7	9	2
1	4	9	2	7	3	8	5	6

143

6	3	1	4	7	2	8	5	9
9	4	8	5	6	1	3	7	2
2	5	7	9	3	8	4	6	1
7	6	9	3	2	5	1	8	4
3	1	4	8	9	6	7	2	5
5	8	2	7	1	4	6	9	3
1	7	6	2	4	9	5	3	8
4	2	5	6	8	3	9	1	7
8	9	3	1	5	7	2	4	6

144

4	3	6	1	7	8	5	2	9
1	5	9	2	3	4	6	7	8
7	8	2	5	9	6	3	1	4
5	9	4	7	8	3	1	6	2
6	2	7	4	1	9	8	5	3
3	1	8	6	5	2	4	9	7
8	4	5	9	2	1	7	3	6
2	6	1	3	4	7	9	8	5
9	7	3	8	6	5	2	4	1

145

4	1	2	5	3	8	7	6	9
9	3	7	6	1	4	8	5	2
8	5	6	2	7	9	4	3	1
5	9	8	7	6	2	3	1	4
7	6	4	1	8	3	2	9	5
1	2	3	9	4	5	6	7	8
6	8	5	3	2	1	9	4	7
3	4	9	8	5	7	1	2	6
2	7	1	4	9	6	5	8	3

146

6	1	4	8	5	3	9	2	7
3	5	7	9	2	6	8	1	4
2	9	8	7	1	4	5	6	3
8	3	1	2	6	9	4	7	5
9	7	5	4	3	1	6	8	2
4	2	6	5	7	8	1	3	9
5	4	3	6	8	2	7	9	1
1	6	9	3	4	7	2	5	8
7	8	2	1	9	5	3	4	6

147

1	5	9	8	6	2	3	7	4
3	2	8	7	1	4	9	5	6
7	4	6	9	3	5	2	8	1
6	3	4	5	7	1	8	2	9
9	8	7	4	2	6	5	1	3
5	1	2	3	8	9	4	6	7
2	7	3	6	4	8	1	9	5
8	6	5	1	9	3	7	4	2
4	9	1	2	5	7	6	3	8

148

3	6	5	7	2	1	4	9	8
9	1	2	4	6	8	5	7	3
4	7	8	5	9	3	6	2	1
2	4	1	6	8	7	9	3	5
7	9	3	2	1	5	8	4	6
5	8	6	9	3	4	7	1	2
6	3	7	8	4	2	1	5	9
8	2	4	1	5	9	3	6	7
1	5	9	3	7	6	2	8	4

149

7	9	8	4	3	6	5	1	2
4	2	1	9	5	7	6	8	3
6	5	3	8	2	1	4	9	7
9	1	2	3	7	5	8	6	4
5	8	6	2	4	9	3	7	1
3	4	7	6	1	8	2	5	9
8	6	4	7	9	2	1	3	5
2	7	5	1	8	3	9	4	6
1	3	9	5	6	4	7	2	8

150

7	4	1	8	9	3	6	2	5
2	5	3	1	6	7	9	4	8
9	6	8	4	5	2	7	3	1
8	3	5	6	2	9	4	1	7
1	7	9	5	3	4	8	6	2
6	2	4	7	8	1	3	5	9
3	9	7	2	1	6	5	8	4
5	1	6	9	4	8	2	7	3
4	8	2	3	7	5	1	9	6